Gaston Bonnet-Maury

L'Armée du Salut

Son organisation et son rôle religieux et social

ISBN : 978-1722912178

10 9 8 7 6 5 4 3 2 1

Gaston Bonnet-Maury

L'Armée du Salut

Son organisation et son rôle religieux et social

Table de Matières

I. — ORIGINE

Dans quelles circonstances l'Armée du Salut a-t-elle pris naissance ? Quelle était la situation religieuse de l'Angleterre vers 1860-65 ?

Le réveil religieux d'Oxford, connu sous le nom de Puséyisme, qui avait ramené dans le giron de l'Église catholique romaine des milliers d'Anglais, animés de tendances mystiques et en quête d'une forte direction morale, était à peu près éteint. A l'autre bout du monde pensant, les doctrines positivistes importées par J. Stuart Millet le déterminisme de Darwin étaient répandus dans la bourgeoisie. Entre ces deux extrêmes, le rationalisme religieux, manifesté par les auteurs des *Essays & Reviews* (1863), avait ranimé l'esprit d'examen et stimulé les études théologiques dans la *Broad Church*.

Mais ces mouvements ne s'adressaient guère qu'à l'élite cultivée de la société ; la grande majorité des étudiants se désintéressait des questions religieuses ; le nombre des vocations sacerdotales diminuait et la masse ouvrière gisait dans un état de torpeur religieuse et de corruption morale désolantes. Des milliers d'âmes végétaient ainsi sans foi et sans direction.[1] Nulle part, cet état du peuple, vivant « en marge » des églises, n'était plus fréquent que dans les quartiers de l'Est de Londres. Le rédacteur en chef du *Christian World* ayant appelé sur ces maux l'attention d'un ministre méthodiste, éloquent et sans emploi, celui-ci inaugura, le dimanche 2 juillet 1865, une série de services religieux populaires du soir, dans un ancien cimetière de Quakers, à White-Chapel. L'installation était primitive ; une grande tente, et sans plan défini : le jeune prédicant ne se proposait que d'amener les prolétaires à Jésus-Christ. « Un jour, raconte Mme Booth, mon mari, revenant épuisé d'une de ces réunions, se laissa choir dans un fauteuil, en s'écriant : « Oh ! Kate, en passant ce soir, devant ces palais du *gin*, tout brillants de lumière, j'ai cru entendre une voix résonner à mes oreilles et me dire : Où pourrais-tu trouver des païens tels que ceux-ci ? Où pourrait-on, plus qu'ici, avoir besoin de tes efforts et de ton secours ? Et je sentis que je devais à tout prix me fixer ici et

---

1 Thureau-Dangin, *la Renaissance catholique en Angleterre au XIXe siècle*. Paris, 1903 ; Tome II, chap. VIII.

prêcher à ces multitudes de l'Est de Londres ! »

Ce prédicant était William Booth, âgé de trente-six ans, et sa femme, Catherine, était déjà mère de quatre enfants. Les deux époux, avec un bel élan de foi, décidèrent de se consacrer à l'évangélisation de ce peuple. C'est cette tente, secouée par les coups de vent et éclairée par des becs de gaz, qui fut le berceau de la « Mission chrétienne de l'Est-Londonien, » qui se transforma quelques années après en « Armée du Salut. » William Booth a raconté en ces termes sa résolution : « Il y a dix-sept ans, j'arrivai à Londres, presque comme un étranger au milieu de cette population d'artisans. Je vis qu'ils étaient sans Dieu et j'essayai de leur prêcher l'Évangile pour leur salut. Ayant déjà, pendant seize ans de ministère dans l'Église Wesleyenne, vu des milliers de cœurs soumis par le pouvoir de l'Évangile *à la vieille mode*, j'étais certain qu'il suffirait de le présenter à ces masses, en dehors des églises, pour qu'il se montrât efficace sur les pires d'entre eux ! »

L'idée génératrice de l'œuvre est la suivante : ce n'est pas aux bien portants, mais aux pécheurs que Jésus est venu porter le secours. Et puisque les prolétaires ont déserté les églises, il faut aller à eux, dans les carrefours, les tavernes, et jusque dans les bouges et leur faire entendre le message du salut. « En effet, notre expérience déjà longue, dit William Booth, nous a démontré que le criminel peut devenir honnête ; l'ivrogne, sobre ; la prostituée, chaste. » C'est là ce que Mme Booth appelait la méthode agressive.

Quel est ce message ? « C'est la misère du péché et ses suites fatales pour la vie présente et la vie à venir, le sang de Jésus, versé pour le salut de tous, le bonheur de vivre conformément à ses préceptes, la bénédiction d'un lit de mort triomphant et une entrée facile dans le paradis. Et ce message, nous ne devons pas le présenter avec des mines longues et renfrognées, mais avec des faces joyeuses. Si nous parlons aux autres de salut, c'est parce que c'est la lumière et la joie de notre existence. Nous voulons faire partager notre bonheur aux déshérités, aux incrédules. Il faut rendre le christianisme avenant, réjouissant, épanoui et dire aux pécheurs et aux misérables : Repens-toi aujourd'hui, une fois pour toutes, et demain tu seras si heureux, que tu sentiras le besoin de raconter ta joie à toute la terre ! »

Quant à l'organisation même de l'œuvre, elle fut l'objet, au début, de quelques tâtonnements ; mais la bonne voie fut bientôt trouvée. Après avoir essayé du système des comités élus et constaté leur manqué de souplesse, leur lenteur à faire avancer une œuvre missionnaire, W. Booth adopta l'organisation militaire. Il publia, en octobre 1878, les *Ordres et règlements de l'Armée du Salut.*[1] Ils devaient comprendre six parties, dont la première seule fut publiée.

II. — ORGANISATION

Voici les traits essentiels de l'organisation. L'Armée du Salut ne fait aucune différence entre hommes et femmes, quant au rang, à l'autorité et aux devoirs ; elle ouvre l'accès des plus hauts emplois aux uns comme aux autres. Le but de l'institution est d'atteindre les esclaves du péché et, non seulement de les délivrer et d'en faire des enfants de Dieu, mais encore de faire de chacune de ces recrues des *conquérants d'âmes.* « Le système, en vigueur dans la plupart des Eglises protestantes et d'après lequel l'es conducteurs sont choisis par leurs ouailles, a fait faillite, disait M. Booth, il faut recourir à la hiérarchie et à la discipline militaire, qui seules peuvent assurer une action rapide et régulière. C'est grâce à ce système que l'Eglise catholique romaine a fait plus que toutes les autres dans le domaine des œuvres. » On appliquera donc la discipline d'une façon rigoureuse, mais en laissant une certaine latitude aux officiers. D'après l'Acte de fondation, conclu dans le Conseil de guerre d'août 1878, avec l'assentiment de tous les agents, on attribua à W. Booth, avec le titre de général, le pouvoir absolu sur l'armée et tout ce qu'elle possède. Ces ordres et règlements de 1878 ont été très développés depuis et modifiés en certains points. La dernière édition, celle de 1904, comprend deux parties et un appendice important. Le premier livre, entièrement nouveau, énonce les qualités et obligations de l'officier en campagne et, chose étrange, il n'est pas fait mention des devoirs de l'officier envers ses supérieurs. Cela est sous-entendu. L'officier est tenu, avant tout, de prêcher d'exemple, d'être rempli de miséricorde pour les égarés et

---

1 *Orders & regulations for the Salvation Army.* Head quarter, 272 White Chapel Rd. In-18 de 121 pages. L'auteur avoue avoir reproduit presque mot à mot plusieurs paragraphes du *Manuel du soldat anglais*, par sir. Garnet Wolseley, p. 9.

d'inspirer pleine confiance à ses soldats, qu'il doit enflammer du même zèle que le sien pour le salut des âmes.

Il faut remarquer aussi le changement d'attitude du général Booth à l'égard des Églises. En 1878, c'était nettement de la méfiance ; aujourd'hui, c'est un esprit de bienveillance qui règle les rapports des Salutistes avec les ministres des différents cultes. « L'officier, dit le général, doit toujours présumer que des gens qui professent la religion chrétienne sont sincères, à quelque dénomination qu'ils appartiennent. Il devra éviter, avec eux, toute controverse et rechercher les points sur lesquels on est d'accord, plutôt que ce qui divise. » (Partie VII, p. 231.)

Mais un trait tout à fait remarquable est celui qui détermine les devoirs des officiers vis-à-vis de leurs collègues féminins. « Un des principes fondamentaux, est-il dit, sur lesquels repose l'Armée, est le droit de la femme à une part égale à celle de l'homme, dans la grande œuvre de proclamer le salut du monde. D'après une clause inaltérable de l'Acte de fondation, elle peut occuper tout poste d'autorité, depuis celui d'officier jusqu'à celui de général. Tous les officiers doivent agir d'après ce principe, dans leurs rapports avec la femme. Il est fondé sur les revendications et les sanctions de la Bible en sa faveur, et sur la capacité remarquable qu'elle possède pour conduire notre guerre et agir sur les cœurs et les consciences du peuple de Dieu. Bien plus, le rôle merveilleux quelle a joué dans notre histoire, et les services extraordinaires quelle a rendus, doivent lui assurer, à l'avenir, cette place dans nos conseils et nos campagnes. On doit témoigner tous les égards et de la patience à la femme, à cause de sa faiblesse physique, de son état de mariage et des soins domestiques dont elle est chargée. » Cette place éminente, ces droits égaux accordés à la femme paraîtront pleinement justifiés, à qui saura la part considérable que Mme Booth, et après elle plusieurs de ses filles et de ses recrues, ont prise dans la fondation et le développement de l'œuvre salutiste. C'est à juste titre que M. Tucker, son biographe, l'appelle la « Mère de l'Armée du Salut. »

Un organisateur aussi avisé que M. Booth ne pouvait négliger le recrutement de son association. Il y a pourvu, d'abord, par l'obligation imposée à tous, officiers et soldats, de faire de la propagande salutiste ; ensuite par le soin qu'il a pris de rattacher, de très bonne heure, les enfants à son armée au moyen de la dédicace, sorte de baptême salutiste, des ligues d'amour, des brigades de cadets, etc., qui forment la jeune armée.

Le second livre des Ordres et Règlements décrit l'organisation de l'armée et reproduit, en les développant, plusieurs chapitres de la seconde partie de la première édition. Il est divisé en six parties, qui traitent de l'armée, de ses divisions et de ses grades, des réunions publiques, de l'officier en campagne, des finances, de la discipline et des symboles. En voici une brève analyse.

L'Armée se divise en territoires, correspondant à des pays ou parties de pays, qui sont commandés par un commissaire ou colonel ; les territoires se partagent en provinces, qui sont sous les ordres d'un commandant provincial, en général un brigadier ; la province se décompose en divisions, dont chacune obéit à un officier divisionnaire, major ou adjudant ; la division, à son tour, est formée de plusieurs corps, qui sont sous les ordres d'un capitaine et d'un ou de plusieurs lieutenants ; enfin, le corps se divise en plusieurs quartiers ; chacun possède plusieurs officiers locaux, et est sous le contrôle d'un sergent-major. Chaque territoire, province ou division a un état-major, qui assiste l'officier commandant le territoire, la province ou division ; par exemple, le quartier général, pour la France et la Belgique, est à Paris ; pour l'Australie, à Melbourne. L'armée entière obéit à un chef suprême, le général, qui, comme tous les autres officiers, peut être une femme. Il est assisté par un état-major et assisté de plusieurs commissions, analogues aux bureaux du ministère de la Guerre et sans l'avis desquelles il ne prend aucune décision importante. Chaque général désigne à l'armée son successeur, afin que l'Armée du Salut ait toujours un chef à sa tête. Le drapeau de l'Armée du Salut est rouge, jaune et bleu et porte cette devise : *Sang et Feu.* Le rouge est le symbole du sang du Christ versé pour le salut du monde, le jaune représente le feu du Saint-Esprit, et le bleu la pureté de l'âme.

L'appendice renferme des instructions au sujet de certaines cérémonies originales ; voici les plus curieuses.

La *dédicace*, dont j'ai déjà parlé, est une cérémonie par laquelle l'enfant de parents salutistes est consacré à Dieu. C'est une sorte de baptême, par lequel les parents s'engagent à élever leur enfant en vue de le préparer à la « guerre du salut. » L'enrôlement est l'acte par lequel une recrue, après un certain temps d'épreuve, est admise à signer un engagement de service dans l'armée ; alors le nouveau soldat prête, en public, le serment au drapeau.

Le *covenant* ou contrat d'alliance est un service religieux durant parfois toute la nuit, par lequel le ou la Salutiste renouvelle son engagement à aimer et à servir Dieu en sauvant les âmes et rappelle à Dieu la promesse de bénédiction attachée à cette alliance. Cette coutume, renouvelée des Hébreux (2 Chroniq. XV, 12 et XXIII, 16), a été mise en vigueur par les Ecossais, aux époques critiques de leur lutte pour la liberté religieuse contre les rois d'Angleterre.

Le mariage du Salutiste doit être autorisé par ses chefs et est accompagné d'une cérémonie solennelle. « Tout officier, est-il dit, doit penser que la grande affaire de la vie n'est pas de se marier ou de rester célibataire, mais de faire la volonté de Dieu et de faire avancer son règne sur terre. » Un soldat ne peut se marier avant vingt-deux ans ; un officier, pas avant douze mois comptés depuis sa promotion. On doit choisir une femme en parfaite conformité avec les principes de l'Armée. L'autorisation n'est jamais donnée, quand le mariage doit amener la sortie de l'Armée. La cérémonie est présidée par un officier salutiste : aux promesses ordinaires de la liturgie anglicane est ajouté l'engagement de la part des époux à servir la cause du salut des âmes avec un nouveau zèle.

Pour les funérailles d'un soldat, le Règlement prescrit la plus grande simplicité : pas de corbillard, un simple camion. « Tout soldat de l'Armée du Salut, sachant qu'à la fin de son voyage, il portera une couronne, doit fermement refuser de porter des vêtements de deuil. Les liens d'affection, qui nous unissaient au défunt, au lieu de nous contraindre à porter un deuil extérieur, doivent nous avertir de ne pas ressembler au monde. Il faut bien comprendre, qu'à l'occasion de l'enterrement d'un corps ; la principale chose à considérer, c'est le salut des âmes, l'accroissement de sainteté et de zèle chez les soldats, la consolation et le perfectionnement spirituel des affligés, et la gloire de Dieu. » Il y a un service de prières à la levée du corps ; les soldats font cortège et accompagnent le cercueil en chantant des cantiques ; au cimetière, on lit des passages de l'Instruction, on adresse un appel à la conversion, on recommande le chant d'un solo par une femme accompagnée du chœur.

L'organisation financière de l'Armée du Salut n'est pas moins intéressante. Les finances sont divisées en quatre sections : 1° le budget mondial, dont l'administration est à Londres ; 2° le budget de chaque territoire ou pays, qui est administré au quartier général du pays ; 3° le budget de chaque division ou province ; 4° le budget local, administré par l'officier chef du poste.

Le budget mondial comprend lui-même cinq chapitres : I. Frais généraux. II. Services étrangers. III. Immeubles. IV. Service commercial. V. Fonds social.

Les recettes des deux premiers chapitres, qui pourvoient aux dépenses de gérance et d'inspection, ainsi qu'aux missions chez les païens, sont alimentées par les dons personnels des amis de l'œuvre, par les bénéfices de la vente des journaux et des traités et surtout par les produits de la *Semaine de renoncement* dans tous les corps de l'Armée. Ce temps de renoncement est l'effet d'une coutume touchante, imitée des premiers chrétiens. Elle consiste, pour les soldats et les officiers, à se priver, pendant une semaine et en général plus, de certaines jouissances, et de se livrer à des exercices pénibles afin d'accroître les revenus de l'œuvre salutiste. Ce renoncement revêt les formes les plus variées : jeûne, privation de viande aux repas, quêtes à domicile ou dans les rues. Cette pratique, qui n'est pas obligatoire, mais est très générale, a été inventée il y a une vingtaine d'années, à l'époque de la grande expansion de l'Armée du Salut. La première fois, elle rapporta plus de 100 000 francs ; en 1906, elle a produit 514 000 francs, rien que pour la Grande-Bretagne.

Le chapitre III, affecté au paiement des loyers et à l'entretien des salles de culte, est alimenté par les dons des amis de l'œuvre et par la contribution des différents corps.

Le chapitre IV est destiné à payer l'intérêt des emprunts contractés, et à transporter au chapitre premier les profits de la vente des publications. Il comprend, en outre, les services de la Caisse d'épargne, de la Compagnie d'assurance et des rentes viagères. En effet, le général Booth a été amené par les besoins de ses officiers et soldats à fonder, en 1891, une sorte de banque qui fait les trois genres d'opérations ci-dessus. La Caisse d'épargne reçoit les dépôts depuis six pence (0 fr. 60) et paie aux déposants un intérêt qui varie de 3 fr. 50 à 4 fr. 50 pour 100 et la Compagnie d'assurance comprend deux départements, ayant chacun sa caisse séparée : les Assurances ouvrières (*Industrial branch*) et les Assurances bourgeoises (*Ordinary branch*). En outre, on a établi un système de rentes viagères en se fondant sur le principe que, tandis que l'argenture à une Compagnie financière rapporte rarement plus de 4 pour 100, l'argent *donné* a beaucoup plus de valeur et comporte un taux d'intérêt supérieur. En conséquence, un homme de cinquante-six ans reçoit, pour chaque somme de 2500 francs, une annuité de 200 francs ; une femme du même âge ne reçoit que 182 fr. 50. Le compte de la Compagnie d'assurance salutiste, établi au 30 juin 1909, se montait en avoir à 18 495 888 fr. 88.

Enfin, le cinquième et dernier chapitre, dit Fonds social, affecté à l'organisation et à l'entretien des œuvres philanthropiques, est alimenté par les dons des amis de l'œuvre, la contribution des assistés eux-mêmes et par les offrandes recueillies dans les boîtes dites : *Les grâces avant le repas.*

Telle est, dans ses grandes lignes, l'organisation financière de l'Armée du Salut. D'après le relevé des comptes, arrêté au 30 septembre 1909 :

Le chiffre d'affaires était de	9 147 950 francs.
Argent dépensé pour l'exécution du plan social (*In darkest England*)	8 115 500 —
Sommes employées dans le département commercial	2 766 425 —
Total des dépenses	20 029 875 francs.
D'autre part, l'avoir, à la même date, s'élevait à	33 942 650 francs.

Si l'on songe que chaque pays, chaque territoire, chaque division, chaque corps a une administration pareille à celle de la Grande-Bretagne, que le capitaine de chaque corps doit rendre compte de ses recettes et de ses dépenses chaque mois à son quartier général, on ne peut refuser au général Booth la qualité d'être un « homme d'affaires » de premier ordre. Mais ce sentiment sera doublé d'estime quand on saura que lui-même n'a jamais touché un penny de ces fonds considérables affectés *exclusivement* à l'entretien de son œuvre.

III. — ACTIVITÉ DE L'ARMÉE DU SALUT

Après avoir étudié le principe et l'organisation de l'Armée du Salut, voyons comment elle fonctionne. Son action s'exerce en deux sens : sur l'état moral et religieux et sur l'état social ; elle fait de la cure d'âmes et, en même temps, elle s'efforce de soulager les misères physiques et matérielles. Et ces deux tâches, dans la pensée du général Booth, sont inséparables. Le péché, le mal moral, dit-il, est une rébellion contre la loi divine et produit la pauvreté, le labeur pénible, la souffrance, la cruauté, les guerres, la mort et la damnation. Il ne suffit pas de porter secours à ces misères, il faut remonter à la source, pour la tarir, si possible.

1. *Cure d'âmes*. — L'objet capital de l'Armée est de sauver les âmes, captives du diable et qui périssent. Pour atteindre ce but, il faut faire une guerre sans trêve et sans merci, au vice et aux mauvaises passions sous toutes leurs formes. De là le nom de « champ de bataille » donné aux postes d'évangélisation établis dans les quartiers populaires, et jusque dans les bas-fonds des grandes villes. Officiers et soldats mènent à l'envi ce bon combat. L'officier en campagne, d'après le Règlement, doit consacrer chaque semaine un temps fixé à lire, à réfléchir et à prier, en vue des âmes à sauver. Or Dieu, dans sa miséricorde, a pourvu au salut de ces âmes. Ici le général Booth se sépare de Calvin, de Ch. Finney et de la plupart des prédicateurs de Réveil, qui nient le libre arbitre et attribuent le salut exclusivement à la grâce. Il admet, bien plus, il déclare nécessaire le concours de la volonté humaine avec la grâce divine. « Cette délivrance, dit-il, ne saurait être effectuée que d'accord avec la libre action du pécheur. Si désireux que soit Dieu de mettre fin au mal et aux souffrances, qu'il entraîne ici-bas, il ne veut accomplir cette œuvre qu'avec le consentement des intéressés. Intervenir dans leur libre activité serait, au point de vue de Dieu, le pire des maux. Il pourrait, certes, s'il le voulait, forcer tous les

hommes à être bons, mais il préfère en sauver un petit nombre, en tant que libres, que de les sauver tous, en en faisant des esclaves. » Belle maxime, dans la bouche d'un homme si grand partisan du principe d'autorité !

Les trois moyens, dont Dieu se sert pour appeler les hommes au salut, sont les révélations du Saint-Esprit, les Saintes Ecritures et ses serviteurs depuis les Apôtres, en passant par les évêques et les pasteurs, jusqu'aux officiers salutistes. Le général Booth n'attribue, d'ailleurs, aucune vertu magique, pas plus aux rites de l'Armée du Salut qu'aux sacrements de l'Eglise ; il n'y voit que des « adjuvants » utiles pour la guérison des âmes. C'est Dieu seul qui est l'auteur du salut, c'est lui qui tend la main au pécheur qui se noie ; ce dernier n'a qu'à la saisir.

Le rôle joué par l'officier salutiste consiste à aller chercher la brebis égarée et à l'attirer aux réunions, sans la réprimander, en se contentant de lui témoigner une sincère compassion. Un cocher de fiacre racontait un jour à mon fils comment il avait été sauvé : il avait été ivrogne et allait devenir incapable d'exercer son métier, lorsqu'il rencontra, au cabaret, un salutiste qui lui fit voir le précipice au bord duquel il était, lui parla de Jésus et de sa miséricorde et, uniquement par l'expression de sa sympathie et la force de sa conviction, le corrigea de son vice et en fit un bon chrétien et un cocher fidèle. Il n'y a, sans doute, dans cette cure d'âmes, rien de bien nouveau, c'est, comme l'a dit W. Booth, l'application du *old fashioned Gospel* ; mais ce qui est neuf, c'est que cette œuvre de sauvetage moral, au lieu d'être réservée à des ecclésiastiques, est confiée à des laïques, à des femmes, souvent même à des salutistes à peine instruits et qui, hier encore, étaient des pécheurs. On raconte qu'autrefois la préfecture de police de Paris a employé Vidocq, le célèbre voleur, pour en découvrir d'autres ; de même, le général Booth considère de grands pécheurs convertis comme les agents les plus habiles à convertir, à leur tour, leurs pareils.

Chose remarquable : les officiers salutistes ne font pas de propagande pour telle ou telle Église ; ils exercent leur action, pour ainsi dire, en marge de toutes les Églises, sur les couches les plus profondes et les plus incultes de la masse ouvrière ; ils se gardent aussi soigneusement des intrigues politiques que des controverses religieuses ; ils n'ont souci que de relever les gens abattus, de guider les égarés, enfin de sauver les âmes.

2. *Action sociale ou philanthropique.* — Ce n'est pas seulement par la parole de ses officiers des deux sexes que l'Armée du Salut fait son œuvre, mais aussi par la presse ; elle ne publie pas moins de 72 journaux dont les plus célèbres sont le *War-Cry*, et le *All the World*. Les résultats obtenus ont été considérables, plus que ceux de toute autre mission intérieure : des centaines, des milliers de prolétaires, de prisonniers libérés, de pécheresses, ont été touchés par les appels de M. et de Mme Booth et de leurs collaborateurs et se sont convertis à la vie honnête. D'Angleterre, son berceau, l'Armée du Salut a essaimé dans les colonies anglaises, dans la plupart des pays de l'Europe et jusqu'en Australie et au Japon : le tableau ci-dessous donne une idée de son accroissement de 1904 à 1909.

	En 1904	En 1909	Accroissement
Pays et colonies occupés par l'Armée du Salut	49	56	7
Langues dans lesquelles on prêche	31	32	1
Corps et postes avancés	7 210	8 698	1 488
Officiers, cadets et employés de toute sorte	16 857	20 911	4 054
Écoles de jour	375	505	130
Officiers locaux	45 339	57 094	11 755
Musiciens	17 099	22 302	5 203
Périodiques	63	72	9
Œuvres sociales ou philanthropiques	644	948	304

Or ce n'est là toutefois que la moitié de l'œuvre de rédemption accomplie par l'Armée du Salut ; l'autre moitié est son œuvre sociale et philanthropique. En 1890, le général Booth publiait son livre *In darkest England and the way out (Dans la plus ténébreuse*

Angleterre et le moyen d'en sortir), où il exposait tout un plan pour l'extinction du paupérisme. L'introduction faisait entendre comme une sonnerie d'alarme : « Honte à notre christianisme et à notre civilisation ! Au cœur de notre capitale, il y a des colonies de païens et de sauvages, et c'est à peine si l'on s'en occupe. Pourquoi tout cet appareil de temples et de maisons de prières, destinés à sauver les hommes de la perdition éternelle, tandis que pas une main ne leur est tendue pour les tirer de l'enfer de la vie présente ? N'est-il pas temps qu'oubliant leurs controverses sur l'infiniment petit et l'infiniment obscur, les chrétiens unissent toutes leurs forces, pour sauver au moins quelques-uns de ces petits, pour qui est mort leur divin Maître ? » (200 à 250 000 exemplaires furent vendus en quelques semaines.) Voici, dans ses grandes lignes, le programme du général Booth.

Il évaluait, rien que pour la Grande-Bretagne, à un dixième de la population et à trois millions environ le nombre de ces prolétaires qui ne parviennent pas à gagner leur vie et restent sans foyer et sans patrie. C'est ce qu'il appelle le « dixième submergé. » Comme Dante dans sa *Divine Comédie* représentait le Purgatoire divisé en plusieurs cercles concentriques suivant les degrés du crime des pécheurs, le général Booth divise ce monde des miséreux en trois zones : au centre, les délinquants et les criminels ; dans la zone intermédiaire, les indigents, esclaves de leurs vices ; enfin, dans la périphérie, les prolétaires sans abri et sans travail, restés honnêtes.

A chacune de ces catégories, l'Armée du Salut applique une méthode spéciale de sauvetage.

Zone centrale. — Tout le monde sait les périls que font courir à la société les délinquants, après leur sortie de prison. Le système pénitentiaire, au lieu de les rendre meilleurs, produit souvent un résultat contraire et, à peine sont-ils élargis, qu'ils deviennent récidivistes. De là sont nées, en tout pays, les sociétés de patronage des prisonniers libérés : question capitale de sécurité et d'hygiène publique.

L'Armée du Salut a mis sa puissante organisation au service de cette cause ; le général Booth ajoute même, avec une pointe de malice, que ses officiers s'occupent des ex-détenus avec une sollicitude d'autant plus grande que plusieurs d'entre eux ont connu le régime de la prison. A cet effet, il a créé, dans le voisinage des grandes prisons, des asiles pour les détenus libérés, qui sont desservis par une brigade dite de la *Porte de prison*. Les officiers, de l'un ou l'autre sexe, attendent les détenus à leur sortie ; et avant qu'ils aient pu être entraînés au cabaret ou dans d'autres mauvais lieux, par leurs anciens compagnons de vice, s'efforcent de les amener dans la maison de refuge. Là, on les soumet à une cure d'âme inspirée par les préceptes de l'Evangile et, lorsqu'ils ont fait la preuve d'une conversion sincère on leur procure un emploi, adapté à la profession qu'ils exerçaient avant leur faute. S'ils n'en avaient point, on les envoie dans une colonie agricole. Les résultats, obtenus depuis 1887, même sur des délinquants âgés, ont été des plus remarquables. Quant aux jeunes, l'Armée du Salut a offert aux tribunaux de police de prendre sous sa protection tous ceux qui y consentiraient de plein gré et promettraient de se soumettre à la discipline : l'offre a été acceptée dans des cas nombreux. La méthode consiste à provoquer d'abord un réveil de la conscience et, par là, à exciter le remords, qui amènera la conversion. Cela fait, le salutiste tâche de greffer sur la nature vicieuse le germe de vertu régénératrice. A leur intention, l'Armée a créé des écoles professionnelles, au nombre de 1 830 ; elle possède, en outre, 486 asiles de prisonniers libérés où ont été hébergés, l'année dernière, 2 270 délinquants ; sur ce nombre 2078, soit 91 pour 100, sont sortis, au bout d'un temps variable, avec la note satisfaisante.

Zone intermédiaire. — Celle-ci comprend les indigents vicieux, mais n'ayant pas encore commis de délit. Les deux vices capitaux, de l'avis du général Booth, sont l'ivrognerie, qui engendre les neuf dixièmes des cas de misère, de maladie, de criminalité ; et la prostitution qui, chez les femmes, est le plus souvent la conséquence des salaires de famine. Pour combattre l'alcoolisme, le général Booth a d'abord prescrit à ses officiers la règle de la tempérance : tout officier ou soldat doit s'abstenir non seulement de toute boisson fermentée, mais même de tabac. Puis il a créé la brigade dite *de Secours aux ivrognes* ; elle se compose d'officiers et d'officières, car on sait. qu'en Grande-Bretagne l'alcoolisme est très répandu chez les femmes. La presse a été mise au service de cette cause ; les journaux officiels de l'Armée du Salut : *Le cri de guerre* et *En avant*, publient chaque semaine quelques articles contre l'ivrognerie. On vend le journal dans les cabarets ou aux alentours ; enfin, on fait des conférences anti-alcooliques aux hôtes des hôtelleries populaires.

Voici comment les salutistes procèdent à Londres pour le sauvetage des ivrognes. Une section de la brigade, composée de 60 hommes environ et commandée par un officier, se rend le samedi, de onze heures et demie à minuit, à la porte des cabarets, qui sont tenus de fermer à cette heure. A leur sortie, on cueille les ivrognes parmi lesquels il n'y a pas moins de 30 p. 100 de femmes ; on les encadre entre deux rangs de salutistes et, de gré ou de force, on les emmène dans une salle voisine bien chauffée. Là on leur fait boire du café chaud, pour les dégriser et, lorsqu'ils sont revenus à eux, on les chapitre et l'on s'efforce de leur persuader de renoncer à la boisson. Un témoin oculaire m'a parlé de 26 pour 100 d'ivrognes ainsi ramenés dans une soirée. Cela fait, on les renvoie chez eux, après avoir pris leur nom et l'adresse de leur logis et de leur atelier. Enfin, le lundi (on sait que les tavernes à Londres sont fermées le dimanche), des salutistes vont les attendre à la sortie de l'atelier), afin de les défendre contre les tentatives de séduction de leurs camarades.

M. Booth a établi 147 hôpitaux, pour la guérison des alcooliques, qui sont soumis au traitement de Dalrymple. Les guérisons sont nombreuses. Une des plus célèbres est celle d'un capitaine de steamer au long cours, qui, par suite d'excès de boisson, avait perdu son emploi. Ayant été recueilli un soir dans un des abris salutistes, il fut l'objet d'une cure d'âme suivie et fut guéri. Dès lors, il devint un homme nouveau, regagna son emploi dans la marine et, un an après, revint, en uniforme, remercier publiquement ses amis du service qu'ils lui avaient rendu.

Passons à l'autre fléau social, la prostitution. On ne compte pas moins de 50 000 prostituées, de tout âge, le plus souvent mineures, à Londres, et quand on songe qu'il n'y a pas de réglementation appliquée par la police, on peut se figurer le péril qu'elles font courir à la santé publique. Or, en 1885, après les lamentables révélations de la *Pall Mall Gazette* sur la traite des blanches, — parmi lesquelles il y avait 45 000 mineures de 18 ans, — le général Booth, assisté de son fils Bramwell, de M. Stead, rédacteur de la dite gazette et de Mme Joséphine Butler, lança une pétition publique au

Parlement tendant à l'abolition de cet odieux trafic. Justement, la Chambre des Communes était saisie d'un bill sur la révision de la loi criminelle. La pétition de l'Armée du Salut, qui, en quelques semaines, s'était couverte de 343 000 signatures, vint à point : les députés anglais reculèrent jusqu'à seize ans la minorité légale de la jeune fille. C'est à cette foule de pauvres « Madeleines » que Mme Bramwell Booth, émule de l'admirable apôtre que fut Mme Butler, voua une sollicitude active. Elle fonda les *Rescue homes* ou maisons de secours. Pour cette tâche si délicate du relèvement de la femme tombée, les agents féminins de l'Armée du Salut sont éminemment qualifiés. Ce sont des officières qui administrent ces refuges et les maternités qui y sont annexées. En juin 1909, l'Armée du Salut entretenait des centaines de maisons de relèvement, plus des maternités, soit en tout plus d'un millier d'asiles de femmes. En France, elle possède trois refuges : l'un à Lyon-Montchat, l'autre à Nîmes, le troisième à Courbevoie, près Paris. Dans ce dernier, on peut recueillir 18 jeunes filles tombées, quelques-unes même délinquantes : on en a relevé 4 à 5 par an. Deux sont entrées dans une de nos grandes institutions de Crédit. Sur 7 078 femmes accueillies dans ces maisons, 6 137, soit 86,5 pour 100 sont sorties dans un état moral qui leur a permis de rentrer dans la vie honnête.

L'Armée du Salut ne se contente pas de recueillir ces brebis égarées dans la rue ou dans les maisons mal famées, elle s'efforce de prévenir leur chute. Elle prend sous sa protection les jeunes filles pauvres et en danger moral ; elle les préserve des tentations de la misère en leur procurant de l'ouvrage et en assainissant leurs logis. Ceci est la tâche de la brigade dite *des Caves et des greniers*, ou plus simplement des *Sœurs du bouge*. Ces vaillantes femmes s'en vont, le matin ou l'après-midi, armées de balais, d'épongés et de matières désinfectantes, pour nettoyer les taudis infects où croupissent souvent des familles de 6 à 8 personnes. Le résultat obtenu n'est pas seulement une amélioration de la salubrité et de l'hygiène des enfants, mais encore un retour aux habitudes de travail, à la vertu et même au respect de la religion.

La périphérie. — Reste la troisième catégorie, celle des prolétaires sans travail et sans abri ; c'est la plus nombreuse et c'est là que se recrute l'armée du vice et du crime. Le remède évidemment, serait le travail ; mais où on trouver ? Et comment l'appliquer ? Parmi ces miséreux, les uns ont perdu l'habitude du travail et ne s'en soucient guère ; d'autres, et c'est, hélas ! la minorité, ont de la bonne volonté, mais ne trouvent pas d'ouvrage. Le plan, conçu par M. Booth afin de résoudre la difficulté, consiste à établir des colonies ou des ateliers urbains, des fermes à la campagne, et enfin, outre-mer, des colonies agricoles. Il commença par créer, dans les grandes villes, des *shelters* ou hôtelleries et des dépôts d'aliments à bon marché. Peu à peu, à l'aide de leçons de morale brève, on fait prendre à ces chemineaux le goût du travail et on leur rend la joie de vivre de la vie normale. Quant au service religieux, prières cl chants, il est facultatif.

Le général Booth a établi à Londres un bureau de travail qui, en cas de besoin, essaie d'employer ces forces perdues ; pour eux, il a organisé un vaste atelier de saveterie, où l'on répare les chaussures de ses hôtes et où on utilise celles que des bourgeois jettent comme usées. Il y a actuellement en Angleterre plusieurs milliers d'abris ou hôtelleries ; 58 bureaux du travail et 105 dépôts d'aliments. Cela fait, et pour ceux qui n'auraient pas trouvé d'emploi à Londres, on a installé à la campagne 17 fermes isolées de tout cabaret, où on pratique la culture intensive. La plus importante se trouve à Hadley (Essex), à 39 kilomètres de Londres, sur les bords de la Tamise. Là, le général Booth a acheté en 1900 environ douze cents hectares d'assez mauvaise terre, qu'il a fait défricher et préparer par des cultivateurs. La plus grande partie a été emblavée avec des céréales ordinaires, betteraves, etc. la seconde est affectée à la culture maraîchère ; une troisième est mise en prés et le reste, — 40 hectares et demi, — est aménagé en vergers, où on a planté 14 000 arbres fruitiers. Dans la basse-cour, on élève 2 800 têtes de volailles. A la ferme, sont annexés : une briqueterie, qui travaille pour l'usage de l'Armée du Salut et des environs, une école pouvant recevoir une centaine d'élèves, une « citadelle » ou salle de culte et un hôpital d'ivrognes.

La discipline morale a été si bien observée que, depuis dix ans, pas un cas d'ivrognerie ne s'est produit parmi les ouvriers de la ferme de Hadley. On y reçoit des hommes de trois catégories : 1° les pupilles de l'Armée, c'est-à-dire des ouvriers de choix recrutés dans différentes villes ; 2° les pupilles de l'Assistance publique, de vingt-cinq à quarante ans, choisis dans les dépôts par les officiers salutistes ; 3° des personnes de condition spéciale, placées par leurs familles ou par des sociétés philanthropiques : ces derniers sont en général des êtres débiles et peu satisfaisants. Au bout de six semaines environ, les ouvriers, dont beaucoup sont des libérés, sont transformés ; de maigres et débiles, ils sont devenus gros et robustes ; de fainéants, ils sont devenus cultivateurs habiles et recherchés par les fermiers des environs.

Le revers de la médaille est le côté économique ; la colonie de Hadley n'a pas fait ses frais jusqu'ici, l'excédent des dépenses sur les recettes a été, en 1907, de 73 689 francs, en 1908, de 76 558 francs. Heureusement, la caisse de l'Armée du Salut reçoit, pour l'entretien des habitants de cette ferme, des subventions de l'Etat et des pensions de particuliers. Toute œuvre d'hygiène sociale coûte de l'argent. L'assainissement des quartiers et tâches maisons insalubres est jugé une dépense utile et même indispensable. Pourquoi n'apprécierait-on pas de même l'œuvre d'assainissement moral, accomplie par l'Armée du Salut, en purgeant les grandes villes de ces vagabonds qui sont de la graine de voleurs ? Un résultat inattendu a été la formation d'un village de 12 à 1 300 âmes, auprès de la ferme de Hadley.

Mais l'ambition du général Booth est sans bornes, comme le sont sa foi et sa charité. Instruit par l'histoire de la transportation anglaise et encouragé par le succès de quelques entreprises plus récentes, comme le sauvetage des enfants vagabonds par le docteur Barnardo, à Londres et par le Père Newton, à Liverpool, il a songé à utiliser pour les colonies anglaises ces forces perdues et souvent redoutables que sont les ouvriers sans travail. La méthode est celle d'un homme d'affaires entreprenant et avisé, elle se résume en ces deux règles : préparer le terrain colonial pour les colons de cette espèce, et préparer ceux-ci pour la colonie. Après avoir obtenu de l'Etat la concession d'un terrain arable, il commence par le faire clore, pour bâtir un certain nombre de maisons et ensuite rédige un règlement de police. L'apprentissage du futur colon n'est pas moins important. D'abord, s'il ne sait pas de métier, on lui en fait apprendre un pour lequel il soit apte et qui lui soit profitable, puis on l'aguerrit aux rudes travaux de la terre et on l'exerce à la discipline. Mais, surtout, l'officier salutiste tâche, par une sorte de rééducation, d'inculquer à ce paria la véracité, la probité, l'amour du travail et l'économie. Au bout de quelques mois, on fait parmi ces ouvriers un triage : on n'envoie dans la colonie que ceux qui ont fait preuve d'énergie et se sont montrés dignes de confiance. Les colons, par un contrat avec l'Armée du Salut, s'engagent à lui rembourser au fur et à mesure les frais de voyage et d'équipement : ces sommes serviront à envoyer d'autres colons. Le transport en Amérique se fait, autant que possible, par famille ou par groupe de gens qui se connaissent. On embarque les hommes, en avant-garde, les femmes et enfants ne viennent qu'après. Les émigrants sont transportés sur des navires frétés spécialement par l'Armée du Salut, sous le contrôle de plusieurs officiers. Le général Booth a ouvert au Quartier général de Londres, n° 101, rue Queen-Victoria, un bureau d'émigration chargé de procurer du travail et de faciliter le transport, même à des prolétaires non salutistes ; en quelques semaines, il transforma 10 000 de ses officiers en agents directs ou collaborateurs de ce service.

Les trois premières colonies de l'Armée du Salut furent fondées en 1898 et 1899, dans les Etats-Unis de l'Amérique du Nord, par le gendre de M. Booth, le commandant Booth-Tucker, avec le concours de la Chambre de commerce de San Francisco et de quelques riches particuliers. On avait choisi comme places Fort-Amity au Colorado ; Fort-Bomie en Californie et Fort-Herrick en Ohio. Le nom seul de « fort » indique qu'il s'agit de localités écartées en plein Far-West, exposées naguère aux attaques des Peaux-Rouges. Fort-Herrick, établie en 1898, sur un terrain concédé par le gouverneur de l'Etat d'Ohio, avec huit à neuf familles, n'avait d'abord pas réussi, faute d'irrigation. M. Booth-Tucker ne s'est pas laissé décourager par cet échec ; il a établi à Fort-Herrick une ferme pour l'élève de la volaille, qui donne de bons résultats et il projette d'y créer une colonie agricole pour de jeunes délinquants. Fort-Amity est située dans une localité de la vallée de l'Arkansas, près de la frontière de cet Etat et du Colorado ; elle dispose de 704 hectares de prairies vierges arrosées par ladite rivière. On y a transporté, en 1898, une cinquantaine de familles de Chicago, la plupart indigentes. Malgré la défection d'un tiers, qui n'a pu se faire à la vie rurale. le terrain a été mis en valeur. On y cultive des céréales et on y élève des chevaux et des bestiaux. Les maisonnettes abritent 275 colons dont l'avoir est évalué à 500 francs par tête. Ces colons sont pleins d'entrain et manifestèrent leur gratitude pour l'Armée du Salut en offrant un banquet à M. Bider-Haggard, lorsqu'il alla les voir, chargé d'une enquête par le gouvernement anglais. Comme à Hadley, il y a un grand bénéfice moral, mais une perte de 125 000 francs qu'il faut attribuer à ce qu'on a fait payer le terrain aux colons trop bon marché. La colonie de Fort-Romie (Californie) n'a pas donné des résultats moins remarquables. La première tentative d'y établir dix-huit familles indigentes de San Francisco échoua, et cela comme à Fort-Herrick, faute d'avoir établi, au préalable, un système d'irrigation suffisant. Trois ans après, M. Boolh-Tucker reprit l'affaire ; il conclut un marché pour la fourniture de l'eau avec la Compagnie des eaux de Monterey et, en cas de sécheresse, on s'arrangea pour amener sur le terrain l'eau de la rivière Salinas. En 1904, on y transporta derechef vingt familles pauvres ; et cette fois, l'entreprise réussit. Le prix coûtant du terrain, auquel on ajoute les frais d'installation, est évalué à forfait et remboursable en vingt ans, sans intérêt, le premier terme n'est exigible que la troisième année ; en cas de retard dans le paiement de l'annuité, le colon doit payer à l'Armée du Salut un intérêt de 5 à 6 pour 100.

Tandis que l'entreprise de Fort-Amity a laissé un déficit de 115000 francs, celle de Fort-Romie, mieux conduite, a donné un boni de 30 000 francs. Bien que ces résultats ne soient pas très brillants, ils ont paru assez bons pour provoquer les dons de quelques philanthropes ; ainsi M. Georges Herring a donné à l'Armée du Salut 2 millions et demi de francs, pour acheter de nouveaux terrains de colonisation. Le général Booth a jeté les yeux sur le Canada. Sur sa demande, le ministre sir John Gorst, en novembre 1904, soumit au Parlement anglais un bill intitulé : « Pour la réforme de la loi de 1824 sur le vagabondage et la création des colonies de travail. » Le ministre des Colonies, M. Lyttleton, ordonna l'envoi d'un commissaire pour faire enquête sur la situation agricole et économique des colonies salutistes aux Etats-Unis ; ce fut précisément M. Rider Haggard, qui exécuta son voyage en février-avril 1908. Lord Grey, gouverneur du Canada, et sir W. Laurier, premier ministre, se montraient favorables, mais le commissaire voulut aller trop vite ; il demanda au gouvernement canadien de faire l'avance d'un capital ou, au moins, de garantir l'intérêt d'un emprunt de l'Armée, pour établir la colonie, et il se heurta à un refus. Cet échec interrompit pour un temps les négociations : nous ne doutons pas qu'elles ne soient reprises et ne finissent par aboutir.

La dernière création, — la plus originale, — du général Booth est celle d'un bureau de *Secours préventifs contre le suicide* ; cela était d'ailleurs le corollaire logique de son théorème principal : venir en aide aux désespérés. Ce bureau, établi au quartier général de l'Armée du Salut à Londres, est conduit, avec autant de discrétion que de célérité, parle colonel J. Unsworth. La première année, 1907, il a secouru 1 124 personnes, qu'on peut classer ainsi qu'il suit, d'après la cause de leur inclination au suicide. Chez 54 pour 100, cette cause était des embarras financiers, qui leur semblaient inextricables ; 23 pour 100 y étaient entraînés par la maladie ou de grands malheurs ; 10 pour 100 par la mélancolie ; 9 pour 100 par l'alcoolisme et 4 pour 100 par le remords d'un crime. La seconde année, on est venu en aide à 1 006, et en 1909 à 1 064 personnes enclines au suicide et un très grand nombre ont été détournées de leur funeste projet. On sera curieux de connaître les remèdes employés pour guérir cette affection mentale, souvent si tenace. Eh bien ! ils sont très simples : la sympathie et la suppression de l'isolement, de petits secours matériels urgents, et surtout des conseils moraux, la prière. On n'a recouru à l'argument religieux que lorsque l'idée du suicide était née de la perplexité, causée par certains doutes ou difficultés doctrinales. Quant au sexe et à l'âge, le bureau avait eu affaire à moins de femmes que d'hommes, mais il a constaté que le nombre des adolescents enclins au suicide croissait.

IV. — LA FONDATRICE DE L'ARMÉE DU SALUT. — SON EXPANSION

Après avoir décrit l'objet, l'organisation et l'activité morale et sociale de l'Armée du Salut, il nous reste à parler de ses chefs et de son expansion prodigieuse. A cette fin, il nous faut, avant tout, esquisser la silhouette de Catherine Booth, la femme du général, car c'est elle, à vrai dire, qui fut l'inspiratrice de toute l'œuvre ; c'est elle qui, par son propre exemple, assura aux femmes le rôle éminent quelles y jouent.

Catherine Mumford, fille d'un pasteur méthodiste, n'était encore que la fiancée de William Booth, lorsqu'elle revendiqua les droits de son sexe dans l'Eglise. Son pasteur ayant, dans un sermon, soutenu l'infériorité morale et intellectuelle des femmes, cette jeune fille de vingt-quatre ans lui adressa une lettre fortement documentée, où elle réfutait sa thèse. Elle avouait que les femmes, par suite d'une instruction très insuffisante depuis des générations, pouvaient être intellectuellement inférieures aux hommes ; mais qu'en vertu de leur nature, elles avaient une égale capacité morale et religieuse. Invoquant l'exemple de Mmes Fletcher et Rogers dans l'Eglise méthodiste, elle revendiquait pour ses semblables le droit de prier, de parler aux « agapes, » de diriger le chant dans le culte. « Combien, s'écriait-elle, y a-t-il, dans nos Eglises, de Lydie, dont on laisse les talents sans emploi pour l'avancement du règne de Dieu ? »

Mais, si elle réclamait tous ces droits, elle n'avait pas moins conscience de ses devoirs, et en particulier des obligations qui incombaient à une femme de pasteur. « La femme, disait-elle, qui voudrait servir sa génération conformément à la volonté de Dieu, doit faire de sa culture morale et intellectuelle l'occupation capitale de sa vie. En agissant ainsi, elle s'élèvera à la vraie dignité de sa nature et se trouvera merveilleusement capable de faire tourner les devoirs, les joies et les chagrins de la vie domestique au plus grand bien et d'elle-même, et de tous ceux qui sont dans la sphère de son influence. » Toute la vie de Catherine Booth a été le commentaire éloquent de ces pensées de sa jeunesse, et, ayant réussi à les persuader à son fiancé, elle a imprimé à l'Armée du Salut son cachet propre. Elle-même prêcha plusieurs fois, avec succès, à la chapelle méthodiste de Gateshead (1860) et inaugura en Angleterre le ministère féminin de l'Evangile.

W. Booth épousa Catherine, en juin 1885, et sa femme ayant reconnu en lui un vrai talent d'orateur populaire, l'encouragea dans sa vocation de pasteur itinérant. En vain les synodes dirigeais de la nouvelle connexion méthodiste s'efforcèrent-ils de le retenir à la tête des paroisses de Sheffield et de Gateshead. L'appel de la voix intérieure fut plus fort que le souci de son intérêt. Comme le président de son Eglise l'avait blâmé de ses tournées d'évangélisation et de la permission qu'il avait donnée à sa femme de prêcher à l'église, W. Booth lui offrit sa démission et ajouta ces mots : « Vous me demandez ce que je me propose de faire. Je veux être évangéliste. Je ne saurais sacrifier mon devoir envers Dieu et envers les âmes. Je sais que je m'expose, moi et les miens, à des perles et à des difficultés ; mais je me sens poussé par le sentiment du devoir envers les âmes qui périssent et envers l'Église. Confiant en Dieu seul, je m'offre pour l'œuvre évangélique, d'abord aux Eglises de la conférence méthodiste ; et, si elles déclinent mon offre, à d'autres parties de la communauté religieuse. J'offre de coopérer à des services religieux ou de prêcher aux foules de notre peuple, qui restent en dehors de toute église, dans des salles en plein air et jusque dans des théâtres. »

La démission de M. Booth était pour lui un saut dans les ténèbres, car il était alors chargé d'une femme et de quatre enfants en bas âge et sans fortune personnelle. Eh bien ! cet acte de foi héroïque, Catherine Booth fut la première à l'inspirer. Confiant leurs enfants à la grand'mère, M. et Mme Booth firent des tournées de « réveil » en Cornouailles, à Cardiff et, en juillet 4865, à l'appel de M. Morgan, ils se fixèrent dans l'Est de Londres, à White-Chapel, et y entreprirent la mission populaire dont nous avons parlé. En outre, pour propager les effets de leur parole, ils publièrent, depuis octobre 1868, une revue intitulée *East-London-Evangelist*, qui parut ensuite sous le titre de *Magazine de la Mission chrétienne*, et, en 1879, *le Salutiste*. Dix ans après, cette mission avait déjà fondé trente-deux stations, desservies par autant d'évangélistes salariés et groupant des auditoires qui comptaient en moyenne 19 500 personnes. Malgré ce succès, le général Booth estima que le système de gouvernement par des comités paralysait la marche en avant de l'œuvre. Aussi, en janvier 1877, avec l'assentiment de tous ses collaborateurs et protecteurs, fit-il adopter une organisation militaire, avec un chef muni d'un pouvoir dictatorial. Il fut désigné pour général à l'unanimité et substitua partout des termes militaires aux précédents. La « Mission de l'Est de Londres, reçut le nom d'*Armée de l'Alléluia*, et bientôt d'*Armée du Salut*, les stations, celui de corps, les évangélistes, celui d'officiers de divers grades. La nouvelle constitution fut ratifiée par la Conférence de juin 1877, l'*Acte de fondation* fut enregistré, la même année, à la chancellerie de la Cour suprême de justice et la première édition des *Ordres et Règlements de l'Armée du Salut* parut en novembre 1878. Et, jusqu'à présent, l'événement a donné raison aux prévisions du hardi fondateur. Depuis l'année 1880, son œuvre a pris une expansion rapide et qui s'est étendue sur quatre parties du monde.

Outre-mer. — Le 14 février 1880, le commissaire Railton partait accompagné de sept « Filles de l'Alleluia » pour New-York, et, secondé par un ancien Salutiste, Amos Shirley et sa famille, établis depuis quelques années à Philadelphie, y fondait une filiale devenue plus tard très importante au point de vue de l'émigration. L'année suivante (janvier 1881), à l'appel de John Gore, un garçon laitier converti à Londres par l'Armée du Salut, M. et Mme Sutherland partent pour Sidney et créent la branche australienne.

Paris. — L'année 1881 vit arriver à Paris la fille aînée du général Booth, Catherine, dite la Maréchale ; celle-ci, secondée par le major Clibborn qu'elle devait plus tard épouser, entreprit l'évangélisation des ouvriers de Belleville, à son quartier général du quai de Valmy et, ensuite, à la salle du boulevard des Capucines, essaya d'entamer les classes cultivées. Elle plut, dans le monde élégant, par sa beauté autant que par son talent de parole, mais sans faire de conversion éclatante ; tandis que dans la classe ouvrière, après quelques scènes tumultueuses dans la salle et dans les cabarets, où elle se risqua à prêcher contre l'ivrognerie, elle a jeté de bonnes semences, qui ont porté quelques fruits. Mme Booth, sa mère, dans une brochure, publiée en 1884, sous le titre : *L'Armée du Salut, dans ses rapports avec l'État*, a montré qu'elle offre un remède contre le socialisme révolutionnaire, en enseignant le respect de la loi et la crainte de Dieu et en combattant l'alcoolisme. Certains écrivains français, tels que la comtesse de Gasparin, le professeur Léon Pilatte, ayant critiqué les procédés tapageurs de l'Armée du Salut, elle leur répondit, dans cette brochure : « Vous vous récriez contre le bruit et l'éclat dont s'entourent nos opérations. Je déplore, autant que vous, l'état d'abaissement, d'épaississement intellectuel qui rend nécessaires ces procédés. Mais, c'est un fait d'expérience que ce bruit et cet éclat sont les seuls moyens d'attirer l'attention de ces pauvres gens. Ils sont réfractaires aux méthodes paisibles et « comme il faut » d'évangélisation. »

L'année 1882, le capitaine Tucker, ancien magistrat du Service civil aux Indes, converti à Londres, planta le drapeau salutiste à Calcutta ; il rencontra beaucoup d'obstacles de la part du gouvernement colonial, mais fut bien accueilli des indigènes et soutenu par Keshub Chender Seng et les membres du Brahmo-Somai.

La même année, Mlle Ochterlony introduisit le salutisme en Suède, où il a rendu des services incontestables à la cause de la tempérance et de la moralité de la classe ouvrière. Quelque temps après, une lettrée, miss Charles Worth, parvenait même à y intéresser les étudiants d'Upsal.

En même temps, le « commissaire » Coomber le portait au Canada, où il a pris un grand essor et contribué à la fondation de colonies agricoles pour les prolétaires anglais émigrés.

Suisse. — Encouragée par les succès personnels qu'elle avait obtenus à Paris, la jeune maréchale Booth entra en campagne dans la Suisse romande (1883) ; mais là, elle se heurta à cette même hostilité de la population ouvrière et rurale, qui avait déjà accueilli les gens du Réveil de 1825-30, sous le nom de « mômiers. » A Neuchâtel, par exemple, miss Booth ayant cru devoir convoquer dans les bois des environs une réunion salutiste, malgré un arrêté du gouvernement, elle fut arrêtée et jetée en prison. Après une captivité assez douce de plusieurs semaines, elle comparut devant le tribunal de Boudry qui, après son éloquent plaidoyer pour la liberté religieuse, l'acquitta.

La conquête des *Pays-Bas* commença en 1884 : la pénétration y fut plus lente qu'en Angleterre, mais irrésistible. Des corps furent établis à Amsterdam, Utrecht, etc., tandis que la campagne en *Belgique* eut peu de succès, malgré des dépenses énormes.

La propagande salutiste en *Allemagne* fut entamée, en prenant Kiel comme point de départ ; de là, favorisée par l'esprit de discipline inné chez le Prussien, elle a gagné Berlin, où le général Booth faisait une entrée triomphale en 1891.

Amérique du Sud. — Malgré la résistance qu'il avait rencontrée dans les pays latins et catholiques,[1] le général Booth, convaincu que sa méthode de sauvetage moral est applicable à tous les hommes, sans distinction de race, a entrepris la conquête des républiques espagnoles de l'Amérique du Sud. Elle a planté son drapeau, en

---

1 Le salutisme a échoué dans ses tentatives d'établissement en Autriche et en Espagne.

1889, à Buenos-Ayres, capitale de l'Argentine et a, maintenant, trente et un postes d'évangélisation, dans ce pays, dans l'Uruguay, le Paraguay, le Chili et le Pérou.

Elle a, en outre, établi un « Home du travail » pour les sans-emploi, deux bureaux de travail et trois « Asiles de nuit. » L'œuvre dans ces pays est dirigée par le commissaire et par Mme Cosandey, qui a longtemps travaillé en France, assistée de quatre-vingts officiers. Ils ont obtenu des résultats satisfaisants.

Japon. — L'Armée du Salut a obtenu de plus grands succès au Japon où elle a commencé en 1895 et est menée avec une remarquable énergie par le commissaire Hodder. Elle compte trente-trois corps et postes avancés, huit institutions philanthropiques, y compris « Home » pour prisonniers libérés, maison de refuge pour femmes à Tokyo et Dalny. C'est en partie à son influence qu'est due l'abrogation de la loi japonaise qui permettait aux tenanciers de maisons mal famées de retenir des femmes contre leur gré. Désormais, ces pauvres « esclaves blanches » sont libres.

Corée. — Enfin, l'Armée du Salut a pénétré jusque dans la lointaine Corée, ce doux pays qui a été la victime infortunée des convoitises rivales de la Russie et du Japon. Le colonel et Mme Hoggard y ont commencé à évangéliser en 1908 et y ont été accueillis, par le peuple, comme des libérateurs spirituels et des consolateurs désintéressés. Le Salutisme y compte six corps ou postes, dont deux à Séoul, et trente-deux sociétés affiliées : le tout desservi par treize officiers européens et quatre coréens ; ils sont en train d'établir des écoles et des institutions d'assistance pour le peuple qui est extrêmement pauvre, mais très intelligent et accessible aux sentiments religieux.

CONCLUSION

Après avoir exposé la genèse, l'organisation et l'expansion mondiale de l'Armée du Salut, il nous reste à la juger et à conclure. En somme, c'est un effort colossal pour secouer la routine et la torpeur, où sont tombées la plupart des Eglises chrétiennes, une réaction puissante contre la « chrétienté bourgeoise et de bon ton. »

« Les *credo* des Eglises humaines, a dit M. F. de Booth-Tucker, ont une tendance invétérée à laisser les inspirations du passé devenir comme des fossiles et, alors, c'est en vain qu'on essaie de les imposer à un présent différent. Leur robe et leur langage sont souvent surannés ; ce sont des reliques vénérables de siècles antiques, mais qui sont incapables de répondre aux exigences d'un monde en perpétuelle évolution. Au lieu d'un clocher, dont la flèche silencieuse indique le ciel, on n'a plus qu'un poteau indicateur ; au lieu de vivants prophètes, on n'a plus que des monuments funéraires, qui, tels des sentinelles de mort, se dressent dans les cimetières. » En d'autres termes, l'expression rituelle ou dogmatique du sentiment religieux s'émousse avec le temps, la croyance devient inerte et, si nous laissons prédominer les pratiques, elle finit par s'éteindre et mourir. La religion chrétienne, quelque surnaturelle qu'elle soit, est obligée de se manifester par des organes humains et n'échappe pas à cette loi de déclin. Des hommes de foi se lèvent alors qui, enflammés de zèle, brisent les vieux cadres, frayent au sentiment religieux des voies nouvelles et, par des moyens extraordinaires, raniment la religion engourdie. C'est ce qu'on appelle des Réveils. Le mouvement salutiste est un Réveil, mais il offre des caractères, qui le distinguent et des réformes catholiques, et des mouvements protestants.

D'abord, au lieu de prôner le célibat ecclésiastique ou d'employer séparément des moines ou des nonnes, l'Armée du Salut emploie comme évangélistes des femmes, concurremment et sur pied d'égalité avec les hommes. En second lieu, elle use de la méthode « agressive, » pour employer l'expression de Catherine Booth. Au lieu d'attendre que les parias de la société l'appellent au secours, elle va au-devant d'eux, les prend par la main pour les relever, berce leur douleur par ses chants et ses prières, parfois même leur fait une douce violence.

Elle ne tient aucun compte des distinctions religieuses, politiques ou ethniques des gens à qui elle s'adresse ; elle fait preuve de la plus large tolérance, ne fait pas de prosélytes pour telle ou telle secte ; elle s'efforce seulement de recruter de nouveaux « sauveteurs » parmi ceux qu'elle a sauvés de l'abîme de misère où ils périssaient.

Si elle respecte les croyances particulières et ne poursuit qu'un relèvement moral, librement consenti, en revanche, elle exige de tous, à quelque grade qu'ils soient placés, une obéissance militaire. Le général exerce la dictature du bien. C'est ainsi que deux de ses fils, qui commandaient aux Etats-Unis et en Australie, n'ayant pas voulu se conformer à la règle et changer de poste, furent exclus de l'Armée du Salut.

Elle ne sépare pas le souci des besoins physiques du bien moral et, se souvenant du proverbe si vrai : *Ventre affamé n'a pas d'oreilles*, elle commence par nourrir les misérables avant de les chapitrer, mais elle ne leur fait pas l'aumône. Elle est administrée avec l'ordre et l'habileté d'une grande maison de commerce ; elle fait recette de la vente des bons alimentaires, des lits de ses asiles, de ses journaux et traités moraux, et ses dépenses sont contrôlées rigoureusement par des comptables-experts. Ainsi, l'Armée du Salut fait une œuvre d'assistance sociale, autant que de relèvement moral et de réveil religieux.

Cette vaste société est-elle sans défaut ? Non certes, pas plus que toute institution humaine. Voici les principaux, à mon avis. L'autorité du général est sans contrôle, elle est presque aussi autocratique que celle du général des Jésuites ; il convient de dire, pourtant, qu'il ne prend aucune mesure de grande importance, sans avoir consulté son chef d'état-major et les officiers chargés des services concernant la question ; deuxièmement, l'obéissance, chez certains officiers, finit par devenir machinale ; le système déprime souvent les volontés qui, une fois sorties des cadres, ont perdu toute initiative. L'Armée du Salut assouplit, aguerrit les caractères, elle ne les forme pas.

D'autre part, les Salutistes usent parfois, pour le sauvetage des pécheurs, soit de petites fuses, soit de procédés qui lèsent la liberté de conscience, et provoquent, en certains cas, des témoignages extérieurs de piété, qui frisent l'hypocrisie. Enfin, ayant besoin de beaucoup d'argent pour leurs œuvres, les chefs de l'Armée multiplient les quêtes parmi leurs soldats et adhérents, et transforment ainsi les officiers de tout grade et de tout sexe en quémandeurs, surtout pendant les semaines du « renoncement. » Ils tombent ainsi dans les défauts reprochés jadis aux Ordres mendiants.

Mais les deux critiques les plus graves, qu'on peut adresser au Salutisme, c'est, d'abord, l'obligation imposée au pénitent d'étaler au dehors sa vie intime, avec ses misères, ses laideurs, ce qui me semble contraire à la vraie componction, et la coutume de la prière en public, qui lui ôte le recueillement, si formellement recommandé par Jésus. Il faut remarquer aussi l'irrévérence avec laquelle ses officiers parlent au peuple des choses divines, et les procédés tapageurs et souvent grotesques qu'ils emploient pour attirer les gens. Or cela est incompatible avec la crainte de Dieu, avec ce frisson devant l'infini, qui est à la base de tout sentiment religieux. Il y a là des écueils redoutables, et, si l'Armée du Salut veut rester digne de la mission qu'elle s'est donnée, et ne pas tomber dans les aberrations de certains réveils américains ou slaves, elle doit les éviter avec le plus grand soin.

Ceci nous amène à la question : quel est l'avenir de l'Armée du Salut ? L'Armée du Salut est la création d'un seul homme, secondé par une femme supérieure. Celle-ci est morte il y a vingt ans ; le général Booth en a quatre-vingt-trois. Son œuvré lui survivra-t-elle et continuera-t-elle à entretenir ce réveil de la foi ? Ou bien dépérira-t-elle et dégénérera-t-elle, comme tant d'autres, en une secte mi-socialiste, mi-illuministe ?

A cela, je répondrai d'abord que le général Booth est encore très vert ; je l'ai entendu, le 19 mai 1910 à Clapton, parler le jour même des funérailles d'Edouard VII devant un auditoire de plus de 2 000 personnes, et cela, malgré ses quatre-vingt-deux ans et des yeux bien malades, avec une vigueur et un accent de conviction extraordinaires.

D'ailleurs, lui-même a envisagé l'avenir de son œuvre après lui. Il en écrivait en 1908 : « Si l'on vous pose la question : Qu'adviendra-t-il de l'Armée du Salut, après que vous et vos enfants aurez passé dans l'autre monde, répondez : L'armée demeurera, car la volonté de Dieu à son égard demeurera toujours. Sa discipline, qui est le lien entre ses membres, demeurera toujours. L'esprit brûlant d'amour pour le salut des âmes demeurera toujours. Les centaines de milliers d'hommes et de femmes de toutes classes, unis par le plus fort des liens, demeureront. Oui, je sens que cet esprit est avec moi, il vit dans mon cœur, il est dans l'œuvre que j'accomplis, il inspirera mes paroles, il me suscitera des amis, il me fournira l'argent dont j'ai besoin. Il me rendra plus que vainqueur dans la vie, dans la mort et pour l'éternité. »

Voilà certes un bel optimisme. Eh bien ! après un examen sérieux de l'Armée du Salut, de ses principes, de son organisation et de sa vie religieuses, j'incline à partager la confiance du général Booth. Mon premier motif, c'est que cette œuvre de relèvement moral et de rééducation sociale répond à des besoins urgents de nos sociétés démocratiques, témoin ses derniers succès au Japon et le chiffre de près d'un million de ses adhérents. En deuxième lieu, cette société est le produit de deux facteurs puissants, la foi robuste et agissante des Anglo-Saxons et la centralisation, la forte discipline, empruntée au génie latin. Le fait est que cette foi intense, jointe au talent des affaires, a permis au général Booth de soulever des montagnes d'obstacles et de préjugés, et de se procurer des millions de livres sterling pour améliorer le sort des parias de l'humanité. On peut critiquer certaines de ses méthodes et on ne s'en est pas fait faute surtout dans le monde protestant ; mais ce qu'on ne saurait refuser à sa personne, c'est l'hommage de respect, que mérite toute une vie consacrée à l'amélioration physique et morale de ses semblables, sans distinction de race, de confession ou de condition sociale.

Lorsque, il y a six ans, Edouard VII eut donné audience au général Booth qui était venu l'entretenir de ses projets de colonisation ouvrière au Canada, il lui adressa ces paroles : « Vous faites une grande œuvre, général Booth, et j'en regarde le succès comme de grande importance pour mon empire. » Ce témoignage d'un roi, qui était un fin connaisseur d'hommes, a été confirmé, après sa mort, par la reine Alexandra, lorsqu'elle permit à l'orchestre de l'Armée du Salut, et à lui seul, de jouer sous les fenêtres du palais de Buckingham les airs favoris de son époux défunt.

Pour moi, je m'approprierais volontiers les paroles, que prononçait naguère M. Théodore Roosevelt en l'honneur de J. Wesley, pour caractériser l'œuvre créée par M. et Mme W. Booth : « Si nous devons progresser en humanité, en bienveillance et en fraternité, du même pas que nous avançons dans la conquête des forces de la nature, ce sera à condition de transformer notre force en vertu et notre vertu en force, à condition de former des hommes qui soient à la fois bons et vaillants, qui aient le courage et la force de lutter pour la vérité et la justice. Il ne faut pas que les qualités viriles soient exclusivement au service du mal. »

ISBN : 978-1722912178

www.ingramcontent.com/pod-product-compliance
Lightning Source LLC
Chambersburg PA
CBHW070102260726
48658CB00002B/957